BEI GRIN MACHT SICH IHR WISSEN BEZAHLT

AF131290

- Wir veröffentlichen Ihre Hausarbeit, Bachelor- und Masterarbeit

- Ihr eigenes eBook und Buch - weltweit in allen wichtigen Shops

- Verdienen Sie an jedem Verkauf

Jetzt bei www.GRIN.com hochladen und kostenlos publizieren

Udo Morosov

Der Hitler-Stalin-Pakt und dessen Darstellung im Völkischen Beobachter

unter besonderer Berücksichtigung der Rechtfertigung im Leitartikel von Theodor Seibert am 23. August 1939

GRIN Verlag

Bibliografische Information der Deutschen Nationalbibliothek:

Die Deutsche Bibliothek verzeichnet diese Publikation in der Deutschen National-
bibliografie; detaillierte bibliografische Daten sind im Internet über http://dnb.d-
nb.de/ abrufbar.

Dieses Werk sowie alle darin enthaltenen einzelnen Beiträge und Abbildungen
sind urheberrechtlich geschützt. Jede Verwertung, die nicht ausdrücklich vom
Urheberrechtsschutz zugelassen ist, bedarf der vorherigen Zustimmung des Verla-
ges. Das gilt insbesondere für Vervielfältigungen, Bearbeitungen, Übersetzungen,
Mikroverfilmungen, Auswertungen durch Datenbanken und für die Einspeicherung
und Verarbeitung in elektronische Systeme. Alle Rechte, auch die des auszugsweisen
Nachdrucks, der fotomechanischen Wiedergabe (einschließlich Mikrokopie) sowie
der Auswertung durch Datenbanken oder ähnliche Einrichtungen, vorbehalten.

Impressum:

Copyright © 2010 GRIN Verlag GmbH
Druck und Bindung: Books on Demand GmbH, Norderstedt Germany
ISBN: 978-3-656-46193-7

Dieses Buch bei GRIN:

http://www.grin.com/de/e-book/230004/der-hitler-stalin-pakt-und-dessen-darstel-
lung-im-voelkischen-beobachter

GRIN - Your knowledge has value

Der GRIN Verlag publiziert seit 1998 wissenschaftliche Arbeiten von Studenten, Hochschullehrern und anderen Akademikern als eBook und gedrucktes Buch. Die Verlagswebsite www.grin.com ist die ideale Plattform zur Veröffentlichung von Hausarbeiten, Abschlussarbeiten, wissenschaftlichen Aufsätzen, Dissertationen und Fachbüchern.

Besuchen Sie uns im Internet:

http://www.grin.com/

http://www.facebook.com/grincom

http://www.twitter.com/grin_com

Hausarbeit:

Der Hitler-Stalin-Pakt und dessen Darstellung im Völkischen Beobachter unter besonderer Berücksichtigung der Rechtfertigung im Leitartikel von Theodor Seibert am 23.August 1939.

Inhalt:

I. Einleitung

Innerhalb der wissenschaftlichen Debatten ist bisher sehr massiv auf die Leitung und Gleichschaltung der Presse im Dritten Reich eingegangen worden. Eine Betrachtung der Presseinhalte wurde allerdings nur an wenigen Punkten betrieben. Das diese Inhalte einer Betrachtung nicht lohnen würden, konnte durch Peter Longerich[1] bereits widerlegt werden. In seinen Betrachtungen zur Bevölkerungsmeinung der Jahre 1933-1945 hinsichtlich der Judenverfolgungen, für die er auch die Presseechos der Zeit analysierte, kam er zu der Schlussfolgerung, dass die Bevölkerungsmeinung bis zum Kriegsbeginn durchaus eine Differenzierte war. Wichtig anzumerken ist dabei, dass Longerich die Ignoranz einiger Journalisten gegenüber den Presseanweisungen der Regierung nicht etwa auf bewussten Widerstand zurückführte, sondern auf mangelnden Enthusiasmus.[2]

Eine konträre Meinung findet sich bei Lars Jockheck[3], welcher anhand der Polenberichterstattung die radikale Haltung des Völkischen Beobachters darstellte. Der Völkische Beobachter missachtete folglich nicht die Presseanweisungen, sondern propagierte viel mehr die eigene, nationalsozialistische Haltung der Mitarbeiter. Auf diese Weise erfüllten sie zwei Funktionen. Auf der einen Seite arbeiteten sie dem Führer zu und auf der anderen Seite konnten sie ihrer eigenen Meinung, im Rahmen der Volksgemeinschaftspropaganda, Gehör verschaffen.[4] Hier findet sich auch der Ansatz dieser Hausarbeit wieder. Diese wird sich mit der Fragestellung, wie der Hitler-Stalin-Pakt in der deutschen Öffentlichkeit dargestellt wurde und wie die Nationalsozialistische Propaganda diesen rechtfertigte, auseinandersetzen. Dabei soll es nicht um die Frage nach dem Initiator des Pakts gehen. Vielmehr soll versucht werden darzustellen wie der Völkische Beobachter den Hitler-Stalin-Pakt für die Öffentlichkeit darstellte. Es geht

---

[1] Vgl. Longerich, Peter , „Davon haben wir nichts gewusst!" Die Deutschen und die Judenverfolgung 1933-1945, Bonn 2006. S.9
[2] Vgl. Florin S.24
[3] Vgl. Jockheck, Lars, Der „Völkische Beobachter" über Polen 1932-1934. Eine Fallstudie zum Übergang vom „Kampfblatt" zur „Regierungszeitung", Hamburg 2006.
[4] Vgl. Ebd.

hierbei speziell um die Argumentation die Seibert innerhalb des Artikels vom 23.August 1939 anführt. Welche Punkte spielen für ihn die ausschlaggebende Rolle in der Argumentation für den Hitler-Stalin-Pakt?

II. Anmerkungen zu Quellen und Autor

Den Einschränkungen, der für diese Hausarbeit herangezogenen Quellen, liegen einige Überlegungen zugrunde. Die Kürze der Arbeit lässt es nicht zu, sonderlich viele Quellen auszuwerten. Daher ist es notwendig eine genaue Einschränkung vorzunehmen. Die Wahl fiel deshalb auf die Norddeutsche Ausgabe des Völkischen Beobachters vom 23.August 1939. Die Norddeutsche Ausgabe war in Deutschland zu dieser Zeit die verbreiteteste[5] und wird auch von Moritz Florin verwendet. Er fügt des Weiteren an, dass sich die Ausgaben ohnehin nur gering in ihrer Auslandsberichterstattung unterscheiden.[6] Da die meisten Ausgaben der Norddeutschen Ausgabe im Zeitungsarchiv der Staatsbibliothek Berlin zu finden sind, bot sie sich zudem sehr an. Genauer betrachtet wird der Artikel von Dr. Theodor Seibert, der am 23. August 1939 im Völkischen Beobachter erschienen ist.

„Der einzige Russlandkenner, der auch nach 1939 noch aktiv in der Redaktion des Völkischen Beobachters mitarbeitete, dürfte der Leiter des außenpolitischen Ressorts, Theodor Seibert, gewesen sein."[7] Daher wird der Artikel für diese Arbeit besonders interessant, denn Seibert lebte einige Zeit in Moskau und konnte auch wegen seiner Russischkenntnisse einige Einblicke in die UdSSR erlangen.

---

[5] Vgl. Florin, S. 18.
[6] Vgl. Florin, S. 18.
[7] Florin, S. 48.

III. „Pakt mit Moskau" – Darstellung im Völkischen Beobachter

Am Mittwoch dem 23. August 1939 erschien der Völkische Beobachter mit der großen Überschrift auf dem Titelblatt „Polen konzentrierte Truppen an den Grenzen"[8]. Erst im zweiten Teil der Überschrift las man etwas von einem deutsch-sowjetischen Bündnis. Der Völkische Beobachter schrieb hier „Völlige Überraschung der Umwelt durch den Pakt Berlin-Moskau"[9]. Sofort bekam man dadurch den Eindruck, das Bündnis hätte etwas mit der vermeidlichen polnischen Truppenkonzentration an den deutschen Grenzen zu tun gehabt.[10] Zu beiden Themen der Überschrift wurde jeweils ein Leitartikel abgedruckt, wobei der für diese Arbeit interessantere, jener von Dr. Theodor Seibert, unter der Überschrift „Pakt mit Moskau"[11] veröffentlicht wurde. Seibert beschrieb in dem Artikel wie in „völliger Unkenntnis"[12] man bis zum heutigen Tage gewesen sei. Er pries den Vertrag als das Ergebnis einer „kaltblütigen"[13] Diplomatie und als einen Schritt auf Hitlers Weg. Interessant ist auch, dass Seibert in seinem Artikel den Einkreisungsgedanken wieder aufgriff, den man der englischen Regierung schon öfter vorgeworfen hatte. Deutschland schließe eben „saubere Nichtangriffspakte anstatt einzukreisen"[14], so Seibert. Trotz des Verbotes, den neuen Pakt Berlin-Moskau in irgendeiner Form weltpolitisch einzuordnen, wies Seibert darauf hin, dass eine sowjetisch-englische Annäherung aufgrund der Interessensdifferenzen von vorneherein zum Scheitern verurteilt worden wäre. Damit widerspricht er nicht nur der bereits erwähnten Presseanweisung, sondern impliziert damit, dass die deutsch-sowjetische Annäherung auf gleichen Interessen beruhen musste. Das Seibert selbst sich eben nicht an die Presseanweisungen[15] der Obrigkeit hält ist dabei nicht zu verkennen. Trotz ausdrücklichem Verbot ordnete Seibert den Pakt

---

[8] Völkischer Beobachter, Norddeutsche Ausgabe, 23.8.1939. (Ab hier VB, NA.)
[9] Ebd.
[10] Vgl. Florin, S. 115.
[11] Seibert, Theodor: Völlige Überraschung der Umwelt durch den Pakt Berlin-Moskau, in: VB, NA vom 23.8.1939.
[12] Ebd.
[13] Ebd.
[14] Ebd.
[15] Florin, S. 115, Anmerkung 39.

weltanschaulich ein.[16] Die sowjetisch– englische Annährung habe nicht gefruchtet, da dort versucht worden wäre vollkommen unterschiedliche Interessen zu verbinden.

So wurde in dem Artikel der neu geschlossene Pakt als die Wiederherstellung eines „natürlichen"[17] Zustandes zwischen Deutschland und Russland bezeichnet. Dieser sollte bis auf „im Völkerleben unausbleibliche Unterbrechungen"[18] schon „immer zwischen Deutschland und Rußland bestanden"[19] haben. Seibert versicherte: „Deutschland und Rußland haben keine gemeinsamen Volkstumsgrenzen, und nirgends stehen sich ihre echten und natürlichen Interessen feindlich im Wege."[20]. Deshalb ist es möglich, „daß beide Mächte durch Jahrhunderte in Frieden miteinander"[21] leben.

Damit war der historische Bezug zu Bismarcks Bündnispolitik aufgebaut worden, den Seibert wie vorgegeben ausarbeitete. Zu dieser Zeit „war der Deutsche in Rußland ein hochgeschätzter Wirtschaftspartner und technischer Helfer"[22] schrieb Seibert. Viele weitere Strömungen lassen sich in seinem Artikel erkennen. Leitbild scheint es jedoch gewesen zu sein den historischen Bezug, die ideologische Rechtfertigung und eine antifranzösisch – englische Stimmung aufzubauen. Außerdem führt Seibert den wirtschaftlichen Nutzen für Deutschlang an und schafft damit einen weiteren Punkt für die Rechtfertigung des Paktes. Erst gegen Ende des Artikels wurde von ihm der Übergang zur Polenpolitik vollzogen, indem er diese in Bezug zu England und Frankreich setzte „an diesem denkwürdigen Tage dürfte es vielleicht sogar einigen wenigen köpfen in Warschau aufdämmern, welchen Bärendienst die Hüter der Demokratie Polen mit ihrem Blankoscheck geleistet haben."[23] Im Anschluss wurde von ihm noch einmal auf die schlimme Lage in Polen und an

---

[16] Vgl. Florin S. 116.
[17] Seibert, Theodor, Völlige Überraschung der Umwelt durch den Pakt Berlin-Moskau, VB, NA, 23.8.1939.
[18] Ebd.
[19] Ebd.
[20] Ebd.
[21] Ebd.
[22] Ebd.
[23] Ebd.

der deutsch- polnischen Grenze verwiesen. Seibert schloss seinen Artikel mit den Worten „das deutsche Volk marschiert weiter."[24]

IV. Fazit

Sieht man sich den Artikel von Theodor Seibert an, so kann man abschließend einige Aussagen über seine argumentative Herangehensweise treffen. Seibert rechtfertigte in seinem Artikel vom 23.August 1939 den Pakt Berlin-Moskau aus drei wesentlichen Punkten heraus. Historisch schuf er die Brücke zwischen Hitlers Pakt und der Bündnispolitik Bismarcks. Wirtschaftlich ging er auf die Abstimmung der beiden Volkswirtschaften und die Rohstofflieferungen Russlands ein und ideologisch wurde der Bund der beiden totalitären Regime als Meisterstück derselben gegenüber den Westmächten dargestellt. Nicht zu unterschlagen ist dabei auch die antifranzösische und antienglische Haltung Seiberts. Auch der schon in der Überschrift deutlich werdende Zusammenhang zwischen Polens vermeintlicher Mobilmachung und dem neuen Bündnis ist nicht zu unterschätzen, denn auch am Ende des Artikels hatte Seibert noch einmal auf die aktuelle Bedrohung an der deutsch- polnischen Grenze aufmerksam gemacht. Am wirksamsten war allerdings der Einkreisungsgedanke selbst, den Seibert auch kurz ansprach. Dieser zeigte sich in der Bevölkerung am wirksamsten und genauso wie die Angst vor einem Krieg schien dieses Argument bei der Bevölkerung am ehesten angekommen zu sein und machte den Pakt so für das Volk annehmbar. Man fühlte sich sicherlich hintergangen, doch die Angst vor Einkreisung und Krieg schien die Menschen einiges hinnehmen zu lassen, selbst wenn das Bündnis mit der Sowjetunion eigentlich nicht ideologisch annehmbar war.

---

[24] Ebd.

7

V. Quellen- und Literaturverzeichnis

Quellen:

Völkischer Beobachter, Norddeutsche Ausgabe, 23.8.1939.

Seibert, Theodor: „Völlige Überraschung der Umwelt durch den Pakt Berlin-Moskau", in: VB, NA vom 23.8.1939.

Literatur:

- Florin, Moritz: Der Hitler-Stalin-Pakt in der Propaganda des Leitmediums Der „Völkische Beobachter" über die UdSSR im Jahre 1939, Berlin 2009.

- Longerich, Peter: „Davon haben wir nichts gewusst!". Die Deutschen und die Judenverfolgung 1933-1945, Bonn 2006.

- Jockheck, Lars: Der „Völkische Beobachter" über Polen 1932-1934. Eine Fallstudie zum Übergang vom „Kampfblatt" zur „Regierungszeitung", Hamburg 2006.